8ᵉ F Pièce
1744

Conserver la

I0071140

CHAMBRE DE COMMERCE

DE SAINT-ETIENNE

CONVENTION INTERNATIONALE DU 20 MARS 1883

POUR

LA PROTECTION

DE LA

PROPRIÉTÉ INDUSTRIELLE

RAPPORT DE LA COMMISSION

SÉANCE DU 12 MARS 1886

SAINT-ÉTIENNE
IMPRIMERIE THÉOLIER ET Cⁱᵉ
Rue Gérentet, 42.

—

1886

CHAMBRE DE COMMERCE DE Sᵗ-ETIENNE

SÉANCE DU 12 MARS 1886

MESSIEURS,

M. le Ministre du Commerce vous a demandé votre avis sur la Convention internationale, pour la protection de la propriété industrielle, conclue le 20 mars 1883, entre la France et l'Italie, l'Espagne, l'Angleterre, la Belgique, la Suisse, la Turquie, la Suède et la Norwège, le Brésil, les Pays-Bas, le Portugal, la Serbie, le Salvador, le Guatemala, les républiques de l'Equateur et de Saint-Domingue.

Des attaques assez vives s'étant produites contre cette Convention, votre Commission en a fait l'objet d'une étude attentive, et vient vous soumettre le résultat de ses observations.

Il s'agit, en effet, d'une question de la plus grande importance, qui mérite d'être examinée avec soin et sans parti pris. C'est ce que nous avons fait de notre mieux.

L'idée d'une entente internationale en matière de propriété industrielle avait été formulée une première fois en 1873, lors de l'exposition de Vienne. Cette idée généreuse prit une forme définitive lors de l'exposition de 1878, à Paris. *Sur l'initiative du gouvernement français* un Congrès se réunit au Trocadéro, et ses séances eurent lieu du 5 au 17 septembre 1878. Ce Congrès était composé de toutes les sommités industrielles des diverses nations exposantes, et des hommes les plus éminents de France et de l'étranger, comme jurisconsultes, économistes, ingénieurs, publicistes. Les deux tiers des adhérents étaient des industriels ou négociants français et étrangers. Toutes les Chambres de Commerce françaises avaient été appelées à se faire représenter, et presque toutes avaient accepté cette invitation. La Chambre de Commerce de Saint-Etienne avait délégué deux de ses membres qui assistèrent à toutes les réunions et donnèrent leur avis éclairé sur toutes les propositions mises en discussion. Dans le rapport que vos délégués ont fait à la Chambre, ils lui exposent que toutes ses idées ont été adoptées sauf une seule, et ils lui recommandent de donner son adhésion à la Convention internationale.

Le reproche que l'on fait au gouvernement de n'avoir pas soumis à l'examen et à l'approbation des Chambres de commerce les termes de la Convention, est donc tout à fait injuste, puisque toutes ont été appelées à assister à un congrès dans lequel ce projet de convention a été discuté publiquement, et puisque leurs délégués l'ont nettement approuvé.

Le Congrès réunissait donc toutes les conditions voulues de notoriété et de compétence. Le but qu'il se proposait était digne de son attention. Il s'agissait de garantir sur le territoire de tous les Etats contractants la propriété des brevets d'invention ; d'assurer une protection réelle à l'industrie et au commerce des nationaux de ces divers Etats, en protégeant leurs dessins, leurs modèles industriels, leurs marques de fabrique ou de commerce, et leur nom commercial.

Après de sérieuses discussions, après avoir élaboré tous les articles de la Convention, le Congrès adopta, avec enthousiasme, le principe d'une union internationale pour la protection de la propriété industrielle. Il nomma une commission permanente qui fut chargée de formuler les propositions adoptées par le Congrès et délégua quelques-uns de ses membres auprès de M. le Ministre de l'agriculture et du commerce, afin de le prier de former une commission internationale ayant pour mandat d'arrêter les termes de la Convention projetée.

Cette Commission internationale fut formée et remit le 20 septembre 1878, à M. le Ministre du Commerce, un avant-projet de traité international. Ce travail fut soigneusement examiné et transmis aux puissances étrangères. Une première conférence des délégués de dix-sept puissances eut lieu à Paris le 4 novembre 1880. Un nouveau travail fut fait et soumis encore à toutes les puissances étrangères, dont dix-neuf se firent représenter à la dernière conférence qui se tint à Paris le 6 mars 1883. Voici, Messieurs, l'historique des études qui aboutirent à la Convention internationale du 20 mars 1883, qui fut approuvée par le Sénat et par la Chambre des Députés et *devint loi le 6 juillet 1884.*

Evidemment tout a été fait au grand jour, et il a fallu six années d'études et de discussions pour réaliser un projet aussi intéressant. Rien n'était plus difficile, en effet, par suite des divergences particulières qui se rencontrent dans la législation commerciale propre à chaque pays. Il s'agissait pour commencer de fixer un certain nombre de principes généraux, car on ne pouvait avoir la prétention de modifier immédiatement toutes ces législations, et pour arriver à une entente il était nécessaire que chaque Etat contractant fît quelques concessions. Il ne pouvait en être autrement, mais quand une idée est utile, elle fait naturellement son chemin. Quand il s'agit d'un progrès incontestable, il finit toujours par se réaliser, bien que lentement. Depuis 1878, de nombreuses modifications ont été apportées dans la législation commerciale de divers Etats (1) en ce qui concerne les brevets d'invention, les marques de fabrique et de commerce. Ce mouvement se continuera forcément jusqu'à ce qu'on soit arrivé à une sorte d'unification.

Cet examen préliminaire terminé, nous aborderons séparément l'examen de chacun des articles de la Convention, et vous jugerez, Messieurs, s'il ne serait pas convenable de solliciter quelques améliorations à certains d'entre eux.

L'article 14 spécifie que la Convention doit être soumise à des révisions périodiques en vue d'y introduire toutes les améliorations qui pourraient

---

(1) Belgique (1879) ; Suisse (1879) ; Canada (1879) ; Turquie (1880) ; Luxembourg (1880) ; Pays-Bas (1880) ; Danemarck (1880) ; Etats-Unis (1881) ; Brésil (1882) ; Vénézuéla (1882) ; Angleterre (1883) ; Portugal (1883) ; Suède et Norwège (1884) ; Japon (1885).

être jugées nécessaires. Ce n'est donc pas un contrat fermé. Le devoir de chacun de nous est de présenter les observations qu'il croit fondées et non de chercher à détruire une œuvre aussi éminemment utile, œuvre conçue par la France, et à laquelle M. Tirard, alors ministre, a donné son vrai nom en la qualifiant de *Convention de la probité internationale.*

Une première réunion des délégués de tous les Etats contractants devait avoir lieu à Rome en 1885, M. le Ministre vous informe qu'elle a été ajournée au mois d'avril prochain et vous prie de lui faire parvenir votre réponse le plus tôt qu'il vous sera possible.

ARTICLE 1er. — Cet article donne la nomenclature des pays qui se sont constitués à l'état d'Union pour la protection industrielle.

Certaines Chambres reprochent au gouvernement français de s'être allié au point de vue commercial avec des nations sans importance, de leur avoir ouvert notre grand marché, sachant bien que nous ne trouverons chez elles aucun débouché pour nos produits. N'en est-il pas toujours ainsi lorsqu'il s'agit d'organiser une convention quelle qu'elle soit ? Les conventions monétaires, les unions postales et télégraphiques, les conventions internationales pour les transports, pour les extraditions sont-elles faites autrement qu'entre nations d'inégale importance ? La seule, la vraie question est de savoir si le but que l'on poursuit est désirable. Du reste, l'Angleterre, l'Italie, l'Espagne, la Belgique ne sont pas des pays sans importance. On fait observer que l'Allemagne ne fait pas partie de l'Union, et l'on en tire cette conclusion qu'elle est mieux avisée que nous. Si elle en faisait partie, on en déduirait que c'est dans le but de nous exploiter. La vérité, c'est que l'Allemagne fait l'expérience d'une loi toute nouvelle sur les brevets, et qu'elle ne voulait pas s'exposer à l'obligation de modifier dès à présent cette loi. Il en était de même de l'Autriche-Hongrie. Mais ces deux Etats ne peuvent tarder longtemps de donner satisfaction aux réclamations de leurs Chambres de Commerce et demander à faire partie de l'Union Internationale.

ARTICLE 2. — Par cet article, il est accordé aux citoyens de chaque Etat contractant tous les droits accordés par la législation intérieure de chacun de ces Etats à leurs nationaux.

On reproche à la France de s'être alliée à des pays qui ne reconnaissent pas les brevets d'invention. La Suisse, les Pays-Bas, la Serbie sont dans ce cas-là. Il suffirait de répondre à cette objection que notre loi française de 1844 (art. 27) accorde à tous les inventeurs étrangers le droit de prendre des brevets en France, et leur accorde les mêmes droits qu'aux inventeurs français, *sans condition de réciprocité.* La Convention ne change donc rien à ce qui existe actuellement sous ce rapport ; mais en entrant dans l'Union, ces Etats ont pris l'engagement de changer leur législation. M. Kern l'a promis au nom du gouvernement suisse, qui a déjà fait de son mieux pour réaliser cette promesse. Quoi qu'il en soit, ce sera peut-être une des questions à poser et à résoudre à la prochaine conférence qui se tiendra à Rome. On ne pouvait exiger tout d'abord des modifications immédiates aux législations intérieures de chacun des Etats contractants ; mais ces modifications devront se faire peu à peu.

ARTICLE 3. — Cet article assimile aux citoyens des Etats contractants les citoyens d'Etats ne faisant pas partie de l'Union, s'ils sont domiciliés ou s'ils ont des établissements industriels ou commerciaux sur le territoire de l'un des Etats de l'Union. Il serait peut-être convenable d'exiger à la fois un domicile et un établissement industriel ou commercial. Rien ne serait plus facile, à un Allemand par exemple, que de se constituer un domicile, même fictif, sur le territoire de l'un des Etats contractants, pour avoir droit à tous les avantages qui sont accordés par la Convention internationale.

ARTICLE 4. — Par cet article, il est dit que celui qui aura fait régulièrement le dépôt d'une demande de brevet d'invention, de dessin, de modèle ou de marque dans l'un des Etats contractants, aura dans les autres un droit de priorité, qui sera de six mois pour les brevets, et de trois mois pour les dessins, modèles ou marques.

Cet article est un de ceux qui sont les plus attaqués, et cependant, à notre avis, c'est l'un des plus utiles, l'un des plus importants. Avant la Convention, un inventeur était obligé de prendre ses brevets simultanément dans tous les pays où il voulait les exploiter. S'il ne prenait pas cette précaution, un contrefacteur qui avait eu connaissance de son

brevet pouvait aller le prendre en son nom dans d'autres pays et frustrer ainsi le vrai inventeur. Aujourd'hui, on met un terme à ce trafic peu honnête en donnant à l'inventeur le temps de s'organiser. Cet article doit être conservé tel qu'il est. Il peut favoriser les inventeurs étrangers, mais il donne la même protection aux inventeurs français et ne nuit qu'aux contrefacteurs.

ARTICLE 5. — Votre Commission attire tout particulièrement votre attention sur cet article qui, au dire de quelques Chambres de commerce, serait désastreux pour notre pays et suffirait à lui seul, suivant elles, pour que la Convention fût dénoncée. Cet article le voici tout entier :

« L'introduction par le breveté, dans le pays où « le brevet a été délivré, d'objets fabriqués dans « l'un ou l'autre des Etats de l'Union, n'entraînera « pas la déchéance.

« Toutefois, le breveté restera soumis à l'obli- « gation d'exploiter son brevet conformément aux « lois du pays où il introduit les objets brevetés. »

Le premier paragraphe de cet article apporte une modification assez importante à notre loi du 5 juillet 1844, qui déclarait déchu de ses droits tout breveté qui introduisait en France des objets garantis par son brevet, lorsqu'ils étaient fabriqués à l'étranger. Cette déchéance du reste ne se trouvait que dans la loi française.

Avant d'examiner l'importance que pourrait avoir ce changement apporté à la loi de 1844, au point de vue des intérêts français, nous vous prions de remarquer que le second paragraphe de l'article 5 en atténue singulièrement la portée. Il est dit dans ce paragraphe que tout breveté est obligé d'exploiter son brevet, conformément aux lois du pays où il introduit les objets brevetés.

Or, les lois françaises du 5 juillet 1844 et du 5 mai 1856 disent que « *tout breveté qui n'aura pas mis* « *en exploitation sa découverte ou invention en* « *France dans le délai de deux ans ou qui aura* « *cessé de l'exploiter pendant deux années consé-* « *cutives, sera déchu de tous ses droits.* »

Ces lois n'ont pas été abrogées et restent dans toute leur vigueur.

L'étranger qui aura pris un brevet en France aura donc devant lui deux années pendant lesquelles il pourra introduire les objets de son brevet fabriqués à l'étranger. Il aura dû consacrer la majeure partie de ce temps à installer sa fabrication dans un Etat étranger, et c'est à peine s'il aura pu introduire en France quelques échantillons de ses produits pour se rendre compte si son invention a quelque chance d'y réussir. Mais au bout de deux ans, tandis que l'inventeur français pourra continuer à importer dans les autres Etats de l'Union ses produits fabriqués en France, l'inventeur étranger devra exploiter son invention chez nous, sous peine d'être déchu de ses droits.

Ici l'on se livre à des argumentations sur ce que veut dire le mot exploiter. Il suffira, dit-on, qu'un inventeur ouvre une boutique dans laquelle il déposera ses produits fabriqués à l'étranger. Il n'en est rien. Exploiter veut dire créer un établissement où l'on produit. Ceci ressort absolument des débats et aussi de l'exposé des motifs de la loi de 1844, dans lequel il est dit que la loi exige *une exploitation réelle et non un simulacre.*

Il est donc bien établi que le second paragraphe de cet article 5 crée une situation privilégiée en faveur de l'inventeur français. Ce second paragraphe était-il bien nécessaire ?

Il nous semble, Messieurs, que *l'intérêt public* exige que l'on donne aux inventeurs étrangers toutes les facilités possibles pour qu'ils nous apportent leurs inventions. Un inventeur n'a pas toujours des ressources telles qu'il puisse créer partout des établissements industriels. Si vous l'y forcez, il s'abstient. C'est ainsi que nous ignorons en France bon nombre des inventions qui se produisent à l'étranger, et cela à notre grand détriment. C'est ainsi que certaines de nos industries périclitent et disparaissent, parce que nous n'avons pu suivre les progrès réalisés dans l'outillage et dans les procédés de nos concurrents étrangers. Nous ne devons pas persister dans cette voie funeste à tous, nous ne pouvons nous isoler. Tout ce que nous devons exiger, c'est la réciprocité, et nous avons plus que cela, nous l'avons démontré.

On nous dit que cet article 5 porte atteinte au travail national, parce que les inventeurs iront exploiter leurs inventions dans les contrées où la main-d'œuvre est à meilleur compte. Ne sommes-nous donc pas suffisamment protégés par les droits que les produits fabriqués à l'étranger doivent acquitter à nos frontières, pour ne pas craindre cette éventualité ?

Nous n'insistons pas davantage. Il ressort de l'article 5 que les inventeurs étrangers sont tenus, dans un délai de deux ans, de venir exploiter leur brevet chez nous, tandis que les inventeurs français peuvent introduire dans les autres Etats de l'Union leurs produits qu'ils auront fabriqués en France. Les intérêts français sont donc suffisamment sauvegardés, et il n'est pas le moins du monde nécessaire de modifier cet article 5 qui a été si controversé.

ARTICLES 6 ET 7. — Ces articles ne sont critiqués par personne. Ils contiennent les dispositions relatives aux dépôts de marques de fabrique ou de commerce, et chacun reconnaît qu'ils ont une grande valeur industrielle, car c'étaient surtout les marques françaises qui étaient dévalisées par l'étranger. De plus, pour la majeure partie des commerçants, les marques ont une valeur tout autre que les brevets. Beaucoup de brevets sont abandonnés par leurs propriétaires avant même d'avoir été exploités. Les brevets ne sont protégés que pendant 15 ans et tombent ensuite dans le domaine public. Il en est autrement des marques qui peuvent rester indéfiniment la propriété de leurs inventeurs, s'ils ont soin, au bout de 15 ans, de renouveler leur dépôt (loi du 23 juin 1857). Ces marques augmentent de valeur à mesure qu'elles sont plus répandues et plus appréciées ; et grâce à la Convention de 1883, elles se trouvent protégées dans tous les Etats faisant partie de l'Union.

ARTICLE 8. — Cet article existerait seul dans la Convention, qu'elle ne devrait pas être dénoncée. En voici le texte exact : « *Le nom commercial sera*

« *protégé dans tous les pays de l'Union sans obli-*
« *gation de dépôt, qu'il fasse ou non partie d'une*
« *marque de fabrique ou de commerce.* » La plu-
part des maisons de commerce n'ont qu'une seule
marque, c'est leur nom commercial. Quand on a tra-
vaillé de père en fils à donner à ce nom une notoriété d'honorabilité et d'intelligence, que peut-il y
avoir de plus désolant que de le voir placé sur des
produits contrefaits par un producteur étranger?
Cela n'est heureusement plus à craindre dans les
Etats contractants.

ARTICLE 9. — Cet article stipule que tout produit
portant illicitement une marque de fabrique ou de
commerce, ou un nom commercial, pourra être saisi
soit à la requête du ministère public, soit de la partie
intéressée, sur tout le territoire de l'Union. Personne naturellement ne trouve à redire à cela.

ARTICLE 10. — Cet article étend les dispositions de
l'art. 9, à tout produit portant faussement le nom
d'une localité jointe à un nom commercial.

Les commissaires français voulaient qu'une fausse
désignation de localité suffise pour autoriser la saisie,
mais les autres délégués leur ont fait comprendre
que cela entraînerait des difficultés inextricables. On
fabrique partout des eaux de Cologne, de la bière de
Munich, des nouveautés de Paris, des velours
d'Utrecht, du cuir de Russie, des pâtes d'Italie, des
gants de Suède, des pâtés de Strasbourg, des gros
de Naples, du cognac, du champagne, et l'on se sert
de beaucoup d'autres noms de localités pour des
produits qui n'en viennent pas. Les fabricants fran-

çais, tout aussi bien que les étrangers, se servent, pour leurs produits, de dénominations inexactes. Comment distinguer la vraie fraude ?

La conférence a donc jugé avec raison qu'il était nécessaire qu'un nom commercial mensonger fût joint à une fausse indication de localité pour autoriser la saisie. C'était justice, puisque la convention donne à chacun le droit de déposer ses marques de fabrique, et leur donne une protection efficace.

ARTICLE 11. — Cet article accorde une protection temporaire aux inventions brevetables, dessins, modèles, marques de fabrique qui figureront aux expositions internationales officielles. Cette faculté avait été accordée aux expositions de 1855, de 1867 et de 1878. Une loi promulguée à cet effet le 23 mai 1868, avait accordé cette protection aux inventions brevetables et aux dessins ; la Convention l'a étendue aux marques de fabrique ou de commerce.

ARTICLE 12. — Par cet article, chaque Etat contractant s'est engagé à établir un service spécial de la propriété industrielle, et un dépôt central pour la communication au public des brevets d'invention, dessins, etc. Cette organisation n'est pas encore parfaite, cela nécessite un certain temps. En France, le gouvernement publie un journal intitulé : *Bulletin officiel de la propriété industrielle et commerciale.* Ce Bulletin paraît toutes les semaines, donne la nomenclature des brevets d'invention, des marques de fabrique et de commerce. Ce recueil, que le ministère du Commerce adresse chaque semaine à toutes les Chambres de Commerce, est très intéressant.

ARTICLE 13. — La conférence décida qu'un bureau international de l'Union serait organisé à frais communs, et ce bureau a été établi à Berne. On a trouvé ce choix malheureux, la Suisse étant un pays qui ne reconnaît pas les brevets d'invention.

Si ce bureau international a été installé à Berne, c'est à cause de la neutralité de la Suisse. Les bureaux des unions postales et télégraphiques y ont été installés sans que personne y trouvât rien à redire.

ARTICLE 14. — Cet article stipule que la Convention sera soumise à des révisions périodiques afin d'y introduire toutes les améliorations de nature à perfectionner le système de l'Union. Que peut-on demander de plus? Toutes les objections peuvent se produire, et si elles sont sérieuses elles ont toutes chances voulues d'être acceptées.

ARTICLE 18. — Du reste si les propositions de la France étaient systématiquement repoussées, l'article 18 lui donne la faculté de se retirer de l'Union.

ARTICLES 15, 16, 17, 19. — Ces articles ont pour objet de fixer la manière de procéder à l'exécution de la Convention, et n'ont pas d'autre intérêt. L'article 16 admet l'entrée dans l'Union de tout Etat qui n'en fait pas partie, mais qui en ferait la demande en s'engageant d'en accepter toutes les clauses.

CONCLUSIONS :

Vous trouverez peut-être, Messieurs, que ce travail est un peu long, mais nous avons tenu à le faire aussi détaillé que possible, eu égard à l'importance de la question soumise à votre appréciation. Les conclusions que nous vous prions d'adopter sont les suivantes :

« Considérant que la Convention internationale du « 20 mars 1883, dont la France a été l'instigatrice, « constitue un progrès important, le gouvernement « français ne doit pas la dénoncer ;

« Considérant que l'article 14 laisse cette Conven- « tion ouverte à toutes les améliorations, et que c'est « un devoir pour chacun de nous de signaler au « gouvernement les modifications qu'il croit utile « d'y apporter ;

« Considérant qu'une conférence doit se réunir à « Rome dans le courant d'avril prochain ;

« La Chambre de Commerce de Saint-Etienne, « après en avoir délibéré, décide qu'elle priera M. « le Ministre du Commerce de soumettre à la con- « férence les questions suivantes :

« 1° Un laps de temps déterminé, qui sera le même « dans tous les Etats contractants, ne doit-il pas être « adopté pour la durée du privilège à accorder aux « brevets d'invention, marques de fabrique et des- « sins ?

« 2° N'est-il pas nécessaire d'adopter des règles

« uniformes pour les cas de déchéance à opposer
« aux inventeurs ?

« 3° Ne serait-il pas utile de modifier l'article 3
« de la Convention et d'exiger des citoyens d'un
« Etat ne faisant pas partie de l'Union qu'ils aient
« non seulement un domicile réel, effectif, mais
« encore un établissement industriel ou commercial
« dans l'un des Etats contractants, pour qu'ils puis-
« sent jouir de tous les avantages de la convention ?

« 4° Ne serait-il pas nécessaire de poser en prin-
« cipe l'obligation pour tous les Etats contractants
« de modifier leur législation commerciale, afin
« qu'ayant des lois identiques, ils offrent tous des
« avantages égaux aux inventeurs des autres Etats
« de l'Union ? »

Ce rapport entendu, la Chambre de Commerce de Saint-Etienne, après en avoir délibéré,
l'adopte dans ses termes et conclusions, et
décide qu'il sera imprimé et adressé à **M.** le
Ministre du Commerce.

Pour extrait conforme :

Le *Président*,

J. EUVERTE.

IMPRIMERIE THÉOLIER ET Cⁱᵉ.

www.ingramcontent.com/pod-product-compliance
Lightning Source LLC
Chambersburg PA
CBHW050359210326
41520CB00020B/6375